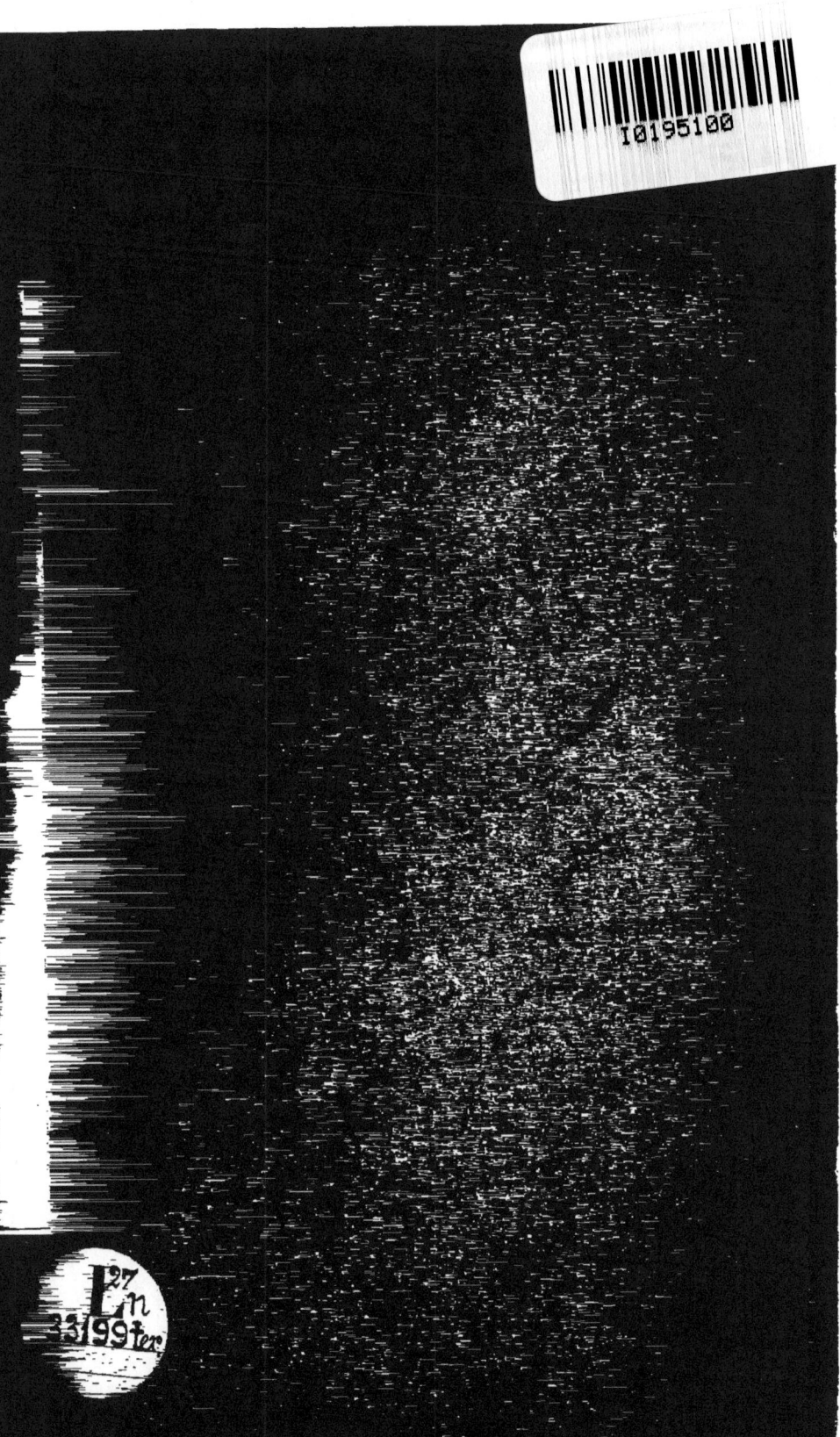

DE LA
PROBITÉ EN HISTOIRE

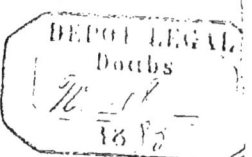

Lettre adressée à Mgr BESSON

ÉVÊQUE DE NIMES, UZÈS & ALAIS

Auteur de la Vie du Cardinal MATHIEU

PAR LE

R. P. DANOPIO

DE L'ORDRE DES FRÈRES PONTIFES

> « Il est bon que l'exemple de nos
> pères nous apprenne qu'il y a un
> châtiment tardif, mais certain. »
> (M. BESSON, lettre à M. J. SAUZAY.)

BESANÇON

IMPRIMERIE M. ORDINAIRE, GRANDE-RUE, 6

Avril 1882

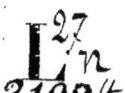

L'Examen critique du la Vie du Cardinal Mathieu est le complément indispensable de l'ouvrage qu'il critique ; l'ouvrage est une ascension au Capitole, couronné par une apothéose; la critique, c'est la voix sincère et indépendante qui crie : *Memento, homo, quia pulvis es, et in pulverem reverteris.* La critique, dans son bref récit, oppose, au nom de l'histoire et de l'art, des fins de non recevoir ; puis il produit vingt ou trente faits desquels il résulte que l'histoire du Cardinal Mathieu laisse beaucoup à désirer sous le rapport de l'exactitude. Cet opuscule, écrit avec les vives allures de la polémique, ne laisse rien à désirer, ni pour le fond ni pour la forme ; tel est, du moins, le jugement qu'en a porté un Evêque fort au courant de ce procès. Le public, qui est bon juge, décidera sans doute de même.

AVANT-PROPOS

Dans le courant de Décembre 1882, le vénérable Doyen du Chapitre Métropolitain de Besançon, un vieillard de 84 ans, M. l'abbé Thiébaud, fut, je ne dirai pas cité par un renard, poursuivi par un loup et jugé par un singe — on croirait peut-être que je veux m'embrouiller avec les fables de La Fontaine — mais bien et dûment déféré par Mgr Besson, évêque de Nîmes, Uzès et Alais, auteur de la vie du Cardinal Mathieu (1) ou par un Sosie de Sa Grandeur, à l'Officialité du Diocèse ; requérant, M. Suchet, jugeant, M. Ruckstuchl, tous deux amis intimes de Mgr Besson et créatures du cardinal Mathieu, Eminence dont M. Thiébaud fut, on le sait, le juste, courageux et persévérant censeur lors des luttes liturgiques (1854-1875).

Le motif de la double citation — car il y en eut deux — fut :

1° D'être l'auteur d'un tiré à part de « *l'Examen critique du livre intitulé la Vie du cardinal Mathieu,* »

---

(1) Roman en deux volumes, imprimé à Besançon, chez J. Jacquin ; éditeurs Bray et Retaux, Paris, 1882.

imputation qui fut reconnue fausse et n'aboutit qu'à un renvoi ;

2° D'avoir propagé le « *même examen critique* » qu'on dit injurieux pour le cardinal Mathieu, pour le Clergé, pour les Congrégations Romaines, sans doute aussi pour le Souverain-Pontife, pour Jésus-Christ, pour David, pour Moïse, pour Abraham, pour Noé et pour Adam ?

Sur ce second chef il y eut condamnation et c'est de ce jugement qu'il est appel ici par devant le tribunal de l'opinion publique.

Régulièrement l'appel eût dû se faire devant le Métropolitain, mais à Besançon, les deux officialités, se confondent. Dans l'impossibilité d'un recours canonique à l'Archevêque, on eût dû s'adresser au Pape ; mais il parut que l'affaire avait trop peu de valeur pour une si longue procédure et il semblait préférable de remplacer l'appel au juge supérieur, par une volée de bois vert, *coram populo,* qui est un juge aussi à sa façon.

Le curieux de cette affaire, c'est que le poursuivant n'y paraît pas et qu'on juge sa cause sans la laisser voir. Il ne s'agit, en effet, dans l'espèce, ni d'un Secrétaire de Congrégation, ni du Clergé Franc-Comtois, ni même du cardinal Mathieu, bien que les gestes du livre soient ses actes, il s'agit d'un livre intitulé : *Vie du cardinal Mathieu* et la question posée par la critique est de savoir si ce livre est exact pour les faits, pour le jugement et pour la doctrine.

La critique affirme et prouve que non ; l'auteur devrait naturellement soutenir le contraire. Mais, soit qu'il trouve la justification impossible, soit pour toute autre cause, il n'a pas jugé à propos de répondre à ce duel de conscience où il ne peut, paraît-il, avancer sans risque, ni reculer sans se trahir. Pour se tirer d'un si mauvais pas, on a donc jugé à propos de recourir à un stratagème, et au lieu de défendre un livre en cause, on s'est campé fortement sur une tombe que personne ne songeait à attaquer. Afin de s'épargner une réponse impossible ou, du moins, fort difficile, on remue ciel et terre tout autour de cette tombe, soi disant outragée et l'on ne songe qu'à égorger autour quelques victimes pour apaiser les mânes irritées du feu Cardinal.

Le présent opuscule a pour objet de déjouer cette ruse et de mettre en cause le vrai coupable d'une façon si directe qu'il ne puisse plus se dérober qu'en s'insultant. Après avoir rétabli la situation nous jugerons à notre tour le jugement de l'Officialité, non point pour prêcher la sédition ou le mépris de l'autorité, mais parce qu'en effet ce jugement prête matière à des observations dont la publicité en appel ne peut qu'éclairer la justice. C'est en notre âme et conscience et non point par colère que nous divulguons ces remarques : on le verra du reste surabondamment par le ton de cet article.

En prenant à partie un Evêque nous laisserons hors de cause son autorité, son caractère et sa personne, pour ne retenir que l'auteur, son livre, sa critique et les conséquences de cette censure. De l'auteur et du livre, nous ne nous en occupons nullement au point de vue littéraire, mais seulement au point de vue historique. Pour être franc, nous croyons que l'Evêque de Nîmes écrit trop, par suite très superficiellement, et qu'il ne perdrait rien à fondre sa grenaille en balles ou en bombes. C'est de lui, ce nous semble, qu'on a pu écrire :

> Bienheureux *Louis-François*, dont la féconde plume
> Pourrait chaque semaine enfanter un volume,
> Ses écrits, il est vrai, faibles et languissants,
> Marivaudent l'histoire et forcent le bon sens,
> La chute en est jolie, amoureuse, admirable...
> — La peste de ta chute, empoisonneur au diable,
> En eusses-tu fait une à te casser le nez.—
> J'arrête-là mes vers, puisque vous les bernez.
> Mais enfin, vos discours, très soignés pour la prose,
> Au fond sont pleins de vide et excessifs en prose.
> Chez vous le naturel ne vient pas au galop ;
> De la grâce et du fard vous n'en avez que trop.
> On dirait par moment que vous cherchez à rire
> Et que c'est là, Seigneur, ce qui presse d'écrire..

Mais silence à la muse et venons à nos affaires.

DE LA PROBITÉ EN HISTOIRE

A Besançon, en la fête de saint Longin,
le 15 mars 1883.

MONSEIGNEUR,

L'histoire est le témoin des temps et la doctrine de la vérité. Un témoin, sous peine d'indignité, doit être intègre et véridique ; la doctrine de vérité, pour rester telle, doit être pure de tout alliage, de toute réticence, de toute ombre, de toute exagération, autrement elle ne serait qu'une doctrine de mensonge. Un témoin suspect perd son crédit ; s'il est convaincu d'erreur volontaire, il est mis au banc de la civilisation et puni justement ; son témoignage mercenaire ou adulateur n'est plus un enseignement moral, mais une déclaration qui s'avilit en se mettant au service de l'imposture. L'intégrité et la véracité sont d'autant plus nécessaires à l'historien, qu'il assume volontairement sa tâche de précepteur de l'humanité ; s'il forfait au devoir, il ne trompe pas seulement les contemporains, il envoie l'erreur à la postérité et peut abuser la suite des âges. Perversion d'autant plus criminelle que les faits sont le véhicule des doctrines et qu'en les faussant l'historien altère le rôle des personnages historiques, viole les titres des nations et fait remonter la perversité de ses erreurs jusqu'au gouvernement de la Providence.

Ces vertus et ces devoirs de l'historien sont tellement impératifs qu'ils n'exigent ni commentaires, ni démonstration. Je citerai cependant quelques textes :

« Encore, dit Saint-François de Sales (1), qu'il faille estre
« extrêmement délicat à ne point médire du prochain, si
« faut-il se garder d'une extrémité en la quelle quelques-
« uns tombent qui, pour éviter la médisance, louent,
« disent du bien du mal... Ainsi faut dire rondement et
« franchement mal du mal et blâmer les choses blâmables,
« ce que faisant nous glorifions Dieu. »

Quoique la vérité doive évidemment faire le fond de tous les discours et de tous les écrits au point qu'il n'est jamais permis de la sacrifier, je vous citerai encore, Monseigneur, un de vos maîtres :

« La grande maxime, dit Bourdaloue (2), ou, pour mieux
« parler, le grand abus de la science du monde, est de taire
« les vérités désagréables : je dis les taire à ceux qu'il
« serait utile et important de les savoir... On se fait une
« fausse charité et un faux devoir de cacher cette vérité
« odieuse à celui qu'elle intéresse personnellement et qui
« serait le seul capable d'en profiter. Or, cela est vrai,
« surtout à l'égard des grands, des riches et des puissants
« de la terre, dont le malheur, entre tous les autres qui
« semblent attachés à leur condition, est de n'entendre
« presque jamais la vérité, et qui, sans jugement témé-
« raire, ont droit de regarder tous ceux qui les approchent
« comme autant de séducteurs qui se font une politique
« de les tromper.

« .... Et voilà pourquoi Dieu recommandait tant à ses
« prophètes de s'expliquer avec une sainte liberté. »

Ecoutez maintenant, je vous prie, Monseigneur, une des gloires de la tribune française :

« Ce que Dieu et la justice historique vous demandent,
« ce sont *des faits, des dates et des noms propres*, SANS
« RÉTICENCE AUCUNE.... Surtout ne vous laissez pas arrêter

---

(1) Saint François de Sales, *Introd. à la vie dévote*; part. III, chap. XXIX.

(2) BOURDALOUE : sermon pour le 4e dimanche après Pâques, *Sur l'amour et la crainte de la vérité*.

« par ces esprits étroits qui prétendent que l'ont peut
« *servir la vérité en la supprimant* ou en l'habillant au gré
« de leurs préférences ou de leurs répugnances (1). »

Je vous citerai encore ici, Monseigneur, un de vos frères dans l'épiscopat, Monseigneur Dupanloup, évêque d'Orléans (2) :

« Messieurs, permettez-moi de vous le dire : laissez juger
« les évêques après leur mort : cela est bon pour tous, cela
« est bon pour les évêques, bon pour l'Eglise, bon pour
« le pays, bon pour la dignité des caractères, bon pour tous.
« Oui, il est bon de savoir à l'avance qu'on peut être jugé
« et qu'on le sera, et l'Eglise ne le trouve pas mauvais ;
« nul ne se juge et ne se réforme plus sévèrement qu'elle
« même. Elle se glorifie d'être une société qui travaille
« perpétuellement à se juger elle-même et à se réformer
« par le principe profond de Sainteté, par la force de
« régénération spirituelle, qui est en elle et qui lui vient
« de Dieu. Trois mille conciles ou synodes jusqu'au Concile
« de Trente, sont un témoignage immortel de ces saintes
« sévérités pour les évêques, pour les prêtres, pour tous.
« Nous ne faisons pas profession d'être parfaits. Dieu nous
« a laissé la liberté, afin que nous ayons le mérite et
« la vertu ; la liberté du mal, qui ne prouve rien contre
« l'Eglise, parce que l'Eglise elle-même le condamne plus
« sévèrement que qui que ce soit sur la terre. »

(1) Le comte de Montalembert en Franche-Comté. — Lettre du 15 août 1865 à M. Jules Sauzay au sujet de la prochaine publication de l'*Histoire de la persécution révolutionnaire dans le département du Doubs*, 1789-1801. — *Annales Franc-Comtoises* du 2ᵉ semestre 1870, p. 429.

(2) Défense de Mgr Dupanloup dans le procès qui lui fut intenté en 1860 par les héritiers de Mgr Rousseau et consorts. Ce procès fut l'un des plus célèbres de l'époque, non-seulement à cause du caractère et du rang qu'occupait dans le monde celui à qui il a été intenté, mais encore et surtout à cause du principe que consacra la première Chambre de la Cour de Paris, relativement au droit de l'historien de juger après leur mort les hommes publics (voir dans *La tribune judiciaire* publiée sous les auspices du Barreau de Paris, par J. SABBATIER, 5ᵉ année).

« Et, d'ailleurs, n'est-ce pas une des choses qu'on a
« dites le plus contre nous, que nous manquions de jus-
« tice pour nous-mêmes, que nous jetions un voile trop
« complaisant sur nos fautes, que nous nous défendions à
« tout prix les uns les autres, et enfin qu'on ne peut pas
« croire à la parole d'un prêtre sur un autre prêtre ? Mais
« qu'ai-je fait autre chose aujourd'hui que de défendre
« énergiquement, loyalement, l'honneur de l'Eglise contre
« les faiblesses d'un de ses ministres ?... »

Enfin, Monseigneur, quoiqu'il soit peu poli de mettre un auteur en contradiction avec lui-même, c'est toutefois un argument sans réplique ; j'ai donc le regret de vous citer vous-même à vous-même :

» On vous a dit, écriviez-vous à l'auteur de l'*Histoire de
« la persécution révolutionnaire dans le département du
« Doubs* (1), que vous alliez froisser ceux qui ont quelque
« intérêt à oublier le passé ou à ménager l'avenir ; vous
« avez bien fait de surmonter cette hésitation. La vie de
« ceux dont vous parlez appartient à l'histoire ;... quant à
« l'avenir, il est bon que l'exemple de nos pères apprenne
« qu'il y a un châtiment tardif, mais certain... »

Vous avez raison, Monseigneur, l'histoire qui veut instruire les générations futures doit être l'expression pure et simple de la vérité, sans quoi elle ne serait qu'une vaine déclamation. Par la vérité sincère et même austère, ses enseignements sont utiles aux générations qui s'élèvent. J'entends dire que le bien de la Religion, le respect dû aux autorités exigent que l'on dissimule des faits qui sont des fautes, un écart de sagesse, parfois une dérogation à l'orthodoxie ; mais le peut-on encore, lorsque des ouvrages nombreux les rapportent et que la main de la science déchire le voile dont on voudrait les couvrir ? Le peut-on encore, lorsque tout le monde le sait, et que, suivant la

---

(1) Lettre de M. l'abbé Besson alors Supérieur du Collège catholique de Besançon, à M. Jules Sauzay, en tête du premier volume de l'ouvrage cité.

marche ordinaire, le siècle affecte de les publier à proportion qu'on affecte de les cacher ? Qui souffre de ces dispositions contraires ? Le christianisme que vous vouliez pourtant mettre à l'abri ! On lui impute vos torts, on lui reproche votre silence ou vos dissimulations. Au contraire, Monseigneur, si vous aviez rapporté les faits fidèlement, les esprits loyaux, que charme cette franchise, eussent séparé l'œuvre de l'homme de l'œuvre de Dieu et conservé de la sorte à celle-ci vénération et attachement.

Et vous, Monseigneur, dans la *Vie de S. Em. le cardinal Mathieu*, êtes-vous resté fidèle à ces principes, et, après les avoir mis en oubli, au lieu de vous corriger en historien sincère, n'avez-vous pas méconnu d'autres devoirs ? La réponse à ces deux questions forme l'objet de cette lettre.

On a pu résoudre négativement la question de savoir si le cardinal Mathieu est un personnage historique, puisqu'en effet il n'appartient à l'histoire guère que par des oublis, des erreurs persévérantes et par sa résistance aux plus justes réformes. Mais enfin Voltaire ayant écrit le siècle de Louis XIV, d'autres le siècle de Voltaire, vous pouviez bien aussi, Monseigneur, avec l'esprit qui vous distingue, écrire le siècle du cardinal Mathieu, en ramenant à cet important personnage tous les faits contemporains. Il est toutefois permis de penser qu'une si grande entreprise exigeait d'immenses recherches et quelques délais. L'histoire ne s'écrit pas comme une chose qu'on invente ; plus elle étend ses cadres, plus elle assume l'obligation de les remplir. Il ne fallait donc ni l'écrire si vite, ni la publier si tôt. D'autant que la vie de ce personnage est pleine de choses contestables et justement contestées : il était au moins prudent de laisser tomber un peu les passions ; de voir à distance les hommes et les choses ; d'en parler avec plus de froideur, de mesure et de justice. En se hâtant, on courait double risque ; si l'on était scrupuleusement fidèle à l'exactitude, le héros ne pouvait pas grandir ; si l'on glorifiait le persécuteur défunt en présence de ses victimes vivantes, il est hors de doute qu'elles ne manqueraient pas de réclamer. Bien ou mal fait, ce livre ne pouvait rapporter à son auteur aucune espèce de gloire; le biographe ne pouvait rendre que de fâcheux jugements, susciter des controverses et provoquer des embarras.

Ces sages considérations n'ont eu, Monseigneur, sur votre esprit, aucun poids. Vous avez écrit *con amore*, sur sa tombe à peine fermée et à genoux près de ses cendres, la vie du cardinal Mathieu; vous l'avez écrite avec les louanges que comportent cette attitude et cet empressement. Ceux qui aiment les profusions d'encens ont eu de quoi se réjouir. Comme souvenirs intimes ces choses-là peuvent s'admettre ; on les tire à vingt-cinq exemplaires ; on les garde à titre de photographies prises sur le mort; on les lit avec des larmes dans les yeux et des soupirs dans la voix.

Mais si vous mettez le public en confidence de ces choses délicates, lui qui n'est pas tendre s'en moquera ; si vous prétendez les imposer à ses sympathies, il se rebiffe.

Les admirations ne se conquièrent pas si aisément, surtout quand la matière s'y refuse.

Vous avez donc, Monseigneur, écrit une biographie de mille pages, qui n'est, sous un faux titre, qu'une histoire impromptu. Dans le courant de cette vie les faits historiques foisonnent, mais mal présentés, oubliés ou travestis. Je ne vous marchanderai pas la louange : en hagiographie, vous êtes un fort; en biographie, un miniaturiste ; en éloquence, un maître. En histoire, malheureusement, vous écrivez, non pas comme l'abbé de Choisy, pour apprendre l'histoire après l'avoir écrite, mais comme Hérodote, avec le Thyrse. On peut vous couronner de fleurs ; l'Académie des inscriptions ne vous donnera jamais un prix.

Votre livre parut et fut tambouriné avec un art qu'on croyait perdu depuis la mort de l'évêque d'Orléans. Je doute cependant qu'il s'en soit vendu assez pour payer les frais d'annonces et de réclames ; on ne joue pas ainsi de la trompette et du *clavi-bourse* (1) devant les livres qui font leur chemin. Que le livre cependant ait fait fortune ou non, cela nous importe peu ; la question importante, c'est de savoir s'il fait figure, s'il répond au programme d'intégrité vengeresse dressé autrefois par son auteur.

Hélas ! non, une lecture même superficielle suffit pour apprendre, Monseigneur, que vous avez mis de côté tout ce qui vous gênait. Vous avez taillé en plein drap, mais écarté tout ce qui n'allait pas à votre projet d'apothéose. Des longs et glorieux combats de M. l'abbé Thiébaud, soutenus, soyez-en sûr, par Mgr Doney (2) et par le grand cardinal Gousset (3), dont il était le très estimé Vicaire général, pas un mot; des nobles et courageux ouvrages de M. l'abbé Maire et de M. l'abbé Bergier, pas une syllabe ; des nombreux prêtres sacrifiés sans qu'on pût leur reprocher autre chose que leurs talents, leurs vertus, leur doctrine pure et pieuse, leur indomptable énergie et leur inépuisable dévouement au Saint-Siège, rien. Vous n'avez pas osé toucher à ce martyrologe : il vous faisait peur et dans le secret de votre conscience épouvantée, vous vous êtes dit sans doute que, si vous exhumiez ces reliques d'un passé récent les os se ranimeraient et viendraient confondre votre dessein. Vous avez donc usé à votre aise d'une figure malvenue en histoire, la prétérition ; et si vous n'avez pas pu tout taire, vous n'avez pas pu faire allusion à ces faits redoutables, qu'en vous efforçant de dessiner un sourire de dédain, forme ordinaire de compassion, de votre charité peu apostolique.

Vous avez beaucoup d'esprit, Monseigneur, mais pas assez pour que la vérité méconnue ne puisse pas se relever de vos disgrâces. On a estimé, à Besançon, qu'il fallait

---

(1) Clé de nouvelle invention pour ouvrir la bourse des amateurs récalcitrants.

(2) Mort évêque de Montauban, le 21 janvier 1871.

(3) Mort cardinal et archevêque de Reims, le 22 décembre 1866.

user, envers un ouvrage aussi fautif, des droits de la critique ; on a estimé, à Paris, que pour donner à cette critique une autorité moins récusable, il fallait l'appuyer de faits omis par vous ; et, dans l'entre-deux appelé pour offrir à ces critiques un concours littéraire, on a cru, sans irrévérance, croyez-le bien, pouvoir vous opposer, au nom de l'art et de la science, des fins de non recevoir, dont nous ne saurions impunément contester ni la justesse ni la justice. De là une brochure d'une quarantaine de pages, un *Examen critique* de la vie du cardinal Mathieu, examen dont je n'ai point à parler ici, puisque, à Besançon du moins, tout le monde l'a lu ou peut le lire.

L'effet produit par cette brochure sur le biographe fut, paraît-il, électrique, mais on ne dit pas en quelle nuance les oracles d'Epidaure consultés là-dessus dirent que le patient reçut cela comme un coup de fouet piquant ; d'autres prétendent que le Plutarque aux étrivières s'emporta violemment et rugit avec fureur pendant trois jours. Les médecins de la nouvelle école attestent que cela fait du bien de recevoir une claque de temps en temps parce que, si l'on supprimait la douleur, on en créerait par contre-coup de plus funestes à la santé. Nous ne nous perdrons pas dans ces arcanes. Mais si l'on juge de la colère du biographe par ses effets, elle dut être très vive. En effet, même avant que rien parût, il envoyait déjà de Reims, à l'auteur présumé de la critique, par un intermédiaire compromettant pour la discrétion, la menace de le faire frapper des foudres pontificales, s'il osait toucher à l'auréole mi-partie du cardinal et de son thuriféraire ; dès qu'elle parut, il allait demander à l'imprimeur des *Nouvelles annales de Philosophie* de violer le secret professionnel, de lui faire connaître l'auteur afin qu'il pût en tirer une éclatante vengeance. L'imprimeur ou quelqu'un des siens eut la faiblesse de dire ce qu'on peut dire quand on ne sait rien et livra deux noms à peu près étrangers à l'affaire, sans divulguer, bien entendu, le nom du véritable auteur. Tant et si bien que Vous, Monseigneur, nanti de ces informations insuffisantes par Vous-même ou par d'autres, vous avez déféré deux prêtres aux Officialités de Besançon et de Langres.

Ici l'affaire se corse ou plutôt devient corse par la *vendetta* et les expressions se pressent sous la plume. Comment, Vous, Evêque, émule de Plutarque et de Cicéron, vous voulez être l'émule de Jupiter, pour écraser de sa foudre des êtres chétifs qui n'osent pas même lever les yeux de peur d'être aveuglés par l'éclat de Votre gloire ! Comment ! vous osez descendre jusqu'à la menace, mettant dans l'affaire un cardinal Guibert, trop noble pour s'associer à vos colères et à vos illusions ; vous oubliez à ce point que toute menace est une bassesse ; qu'elle est d'autant plus lâche qu'elle vient de plus haut, et que si elle se profère sur la voie publique, fût-on Agamemnon ou Achille et eût-on Homère pour chantre, elle vous condamne au plus pitoyable ridicule. Comment, Monseigneur, vous allez jusque dans une imprimerie pour y solliciter la violation du secret d'état ? Comment, sans respect pour le sacerdoce et pour les cheveux blancs, vous, évêque, sans information sûre et dans un accès de colère, vous envoyez devant les tribunaux deux hommes qui ont au moins le double mérite de ne pas imiter vos exemples et de ne pas trop applaudir à vos triomphes ! Eh bien ! grand Evêque, si je ne suis pas votre admirateur, je n'eusse, du moins, pas dédaigné de vous combattre sur le champ des doctrines ; mais comment voulez-vous, après de pareils maquignonnages, qu'on puisse encore Vous affronter visière découverte ? C'est avec des gants désormais qu'il faut Vous appeler en champ clos.

Mais encore, en admettant qu'elle aboutisse, que prouve cette procédure ? Que les deux prétendus co-auteurs aient été condamnés à mort, pendus haut et court, déchirés par les corbeaux, leur squelette attestant à la fin le péril de vous critiquer, cela prouverait-il que Votre livre est pris aux sources, exact pour les faits, juste pour les jugements, irréprochable enfin dans les détails et dans l'ensemble ? Non, cela prouverait que vous savez mener une campagne en tapinois et frapper un coup de jarnac; cela ne prouverait pas du tout que vous êtes historien. En définitive, un historien c'est un témoin. Or, jusqu'à présent, sur les faits relatifs au cardinal Mathieu, vous êtes un témoin seul et unique; et, contre vous se dressent, seulement dans Besançon, dix témoins aussi compétents et plus désintéressés que vous pouvez l'être et que vous pouvez aussi ne pas l'être sans contredit. Quand vous prendriez l'épée du Cid pour les embrocher; quand, avant de les mettre en brochette, vous les traiteriez de pendards, de marauds, de grimauds, de bousmisgots, de calomniateurs infâmes, de bélitres indécrottables, est-ce que cela empêcherait, je vous le demande, qu'on pût vous opposer l'adage de droit : *Testis unus, testis nullus?*

C'est votre livre, Monseigneur, qu'il faut défendre et non pas votre personne; c'est votre ouvrage qu'il faut justifier, qu'il faut prouver, munir de paravents, et de contreforts, pour que la première averse ne fasse pas voir aux admirateurs complaisants, que ce beau grand marbre est tout simplement du plâtre lustré. Quand vous obtiendriez l'extermination du genre humain, est-ce que cela prouverait, je vous prie, que du plâtre est du marbre et qu'un gâcheur médiocre est un émule de Praxitèle et de Phidias?

Nous ne dirons rien ici de votre procès à Langres, parce que nous n'avons pas à en pénétrer le mystère; mais nous osons dire qu'il n'est pas intervenu de jugement, ou autrement on ne l'ignorerait pas à Besançon. Les uns disent que le prêtre accusé a opposé des fins de non recevoir qui l'ont fait mettre hors de cause immédiatement; les autres disent que, cité, il a été défendu par un évêque originaire du diocèse de Besançon et que ce Prélat a déclaré la critique exacte quant aux faits, irréprochable quant aux jugements; d'autres, pour varier les tons, disent que l'affaire a eu ses côtés comiques. Nous le croirions aisément; mais ce que nous ne croirons jamais, c'est que vous ayez obtenu par là-haut le moindre grain de mil à mettre en appoint dans vos réquisitoires; et ce dont nous sommes certains c'est que Vous êtes par là convaincu d'irrégularité dans vos informations et de légèreté dans vos poursuites. Permettez-moi, Monseigneur, d'ajouter que, mieux inspiré dans vos résolutions, si, au lieu de gratter à la porte de l'imprimerie Saint-Epvre, Vous vous étiez adressé franchement à un homme, qui peut, sans crime, être votre loyal adversaire, vous ne vous seriez pas donné le double tort de le prendre à faux pour un gibier du tribunal correctionnel et de vous infliger la honte d'une poursuite qui ne peut, en aucun cas, aboutir.

Si de Langres nous passons à Besançon, nous changeons de théâtre et de spectacle. Ici encore nous sommes déféré à l'Officialité ecclésiastique, mais c'est un progrès; naguère, c'était dans un autre prétoire qu'on nous appelait. Au cours d'une réunion capitulaire, un chanoine avait osé se permettre des bouffonneries, sinon à l'égard du Souverain Pontife, du moins à l'égard d'ecclésiastiques qui lui étaient franchement et ouvertement dévoués; il leur avait donné, pour ne citer que cet exemple, les noms méprisants et injurieux de *Singes-Rome* (équivalent phonique de Saint-Jérôme) et d'*Ultramâtins* (1). Le chanoine-doyen avait relevé avec indignation ces grossièretés. Pour ce fait, il avait été traduit devant un tribunal civil par un de Vos *alter ego*, peut-être sous vos inspirations. Le vaillant Doyen, reprenant l'offensive, avait prouvé, dans l'un de ses brefs et solides écrits, que le prêtre poursuivant, pour avoir transgressé l'immunité ecclésiastique, avait encouru l'excommunication. L'inventeur non breveté des *Ultramâtins* se trouvait dans le cas du renard tombé dans les pièges d'une poule. Vous être trop fin, Monseigneur, pour vous être donné personnellement ce ridicule.

C'est bien devant l'Officialité diocésaine de Besançon que nous devons, sur Votre réquisition et sur celle de

---

(1) Ses amis considérèrent alors ces mots comme dits avec beaucoup d'esprit. Qu'en dis-tu, Beaumarchais ?

Après ces essais de plaisanterie avortés, on se rappelle sans doute la déconvenue du 15 juillet 1875.

Mesdames Condaminas et Roullet, nièces et héritières du Cardinal Mathieu, comparoir. Le siège du ministère public est occupé, non point par maître Renard, mais par M. Suchet, ci-devant procuré, maintenant *curé* et de plus Procureur, et même, tout le monde le croira facilement, Procureur fiscal. M. Ruckstuhl préside le Tribunal : le jugement ne cite pas d'assesseurs, d'où il suivrait que le Tribunal se composait d'un seul Président : *Unus erat toto naturæ vultus in orbe...* par respect, je n'ajouterai certainement pas : *quem dixere chaos.*

Nous avons accepté votre citation, Monseigneur, mais en ce qui concerne celle de Mesdames Condaminas et Roullet, c'est peut-être habile comme tactique de votre part de les faire intervenir; mais, je vous le demande, y a-t-il la moindre bonne foi dans cette manière d'agir ? C'est un grossier traquenard que vous avez tendu à ces très honorables dames!

Ignorez-vous donc l'article 215 du Code Civil, lequel est ainsi conçu. « *La femme ne peut ester en jugement, sans l'autorisation de son mari, quand même elle serait marchande publique ou non, commune ou séparée de biens.* » De plus, les héritiers de S. Em. le Cardinal Mathieu ne sont pas soumis à la juridiction de l'Officialité; ils ne peuvent qu'invoquer leurs intérêts civils, s'ils sont lésés ; ils n'ont aucune qualité pour requérir une peine qui ne peut être prononcée que dans l'intérêt de la société ecclésiastique. Enfin, les dits héritiers sont et doivent être étrangers à tous les débats qui touchent à la discipline ecclésiastique ; s'ils ont des intérêts civils à faire valoir, les tribunaux ordinaires leur sont ouverts ; mais, devant la juridiction ecclésiastique, ils ne devaient pas ignorer que toute action fondée sur la publication de la brochure incriminée leur était interdite.

L'article 34 de la loi sur la liberté de la Presse, du 29 juillet 1881 (1), est en effet ainsi conçu :

---

(1) Loi promulguée au *Journal officiel* du 30 juillet 1881. — Voir aussi le *Bulletin des Lois* du 2ᵉ semestre 1881, n° 637, p. 125 et suiv.

» Les articles 29, 30 et 31 — ce sont ceux qui édictent « des peines contre les auteurs de diffamations ou d'in-« jures — ne seront applicables aux DIFFAMATIONS OU « INJURES dirigées CONTRE LA MÉMOIRE DES MORTS, que dans « le cas où les auteurs de ces DIFFAMATIONS OU INJURES au-« raient eu l'intention de porter atteinte à l'honneur ou à « la considération des héritiers vivants. »

» Ceux-ci pourront toujours user du droit de réponse « prévu par l'article 13 de la présente loi. »

Puisque j'en ai fini, Monseigneur, en ce qui concerne la requête des héritiers du Cardinal Mathieu, j'oserai me permettre de vous demander humblement si, dans la brochure que vous incriminez, il y a eu diffamation ?...

Le bloc de Monseigneur Mathieu a roulé à la fosse commune, il appartient aux jugements de l'histoire. L'apologie est libre, libre jusqu'à l'hyperbole extravagante — vous le savez du reste, ne vous êtes-vous pas assez déchargé la mémoire des pâteuses tirades, — laborieusement composées et apprises par cœur, — des allégories, métaphores, allusions, sarcasmes, synecdoses, méthonimies, catachrèses, apostrophèses, exclamations, réticences, obsécrations, périphrases, épiphonèmes, gradations, répétitions et en général de toutes les figures de la rhétorique accumulées suivant le respect dû aux nobles pratiques de l'Académie de Besançon ? — libre semblablement est la critique, la critique ardente et indignée. Le point a été jugé irrévocablement à propos de la question agitée déjà dans les dernières années de l'Empire touchant la diffamation des morts. J'ai le droit de marquer d'un fer chaud les horribles figures de Marat ou de Saint-Just, sans m'inquiéter s'il y a encore de par le monde de la graine de Saint-Just ou de Marat, et sans crainte d'un procès pour outrage à leur odieuse mémoire. Et, peu importe, qu'il s'agisse des hommes du passé ou des hommes et des événements d'hier. Refroidie ou toute chaude encore, et brûlante d'actualité, l'histoire a également ses coudées franches. Les actes politiques, grands ou pervers, **appartiennent à**

l'histoire dès l'instant où ils sont perpétrés. Tout fait public tombe sous le jugement public. Un acte est accompli publiquement, connu de tous et de chacun, a-t-on idée qu'il doive s'écouler un intervalle, un trait de temps, devant lequel le droit de juger l'acte demeure suspendu?
— Répondez...

Donc discrète, scientifique et jurisprudentielle personne, Maître Suchet ayant tonné et fulminé contre son confrère, M. le Chanoine Thiébaud, s'en est suivi le jugement.

Le jugement se compose d'une formule religieuse, de préliminaires juridiques, d'un exposé des motifs et d'une sentence.

La formule religieuse, le nom de la Très-Sainte-Trinité, l'adjuration de Dieu, à raison même du saint respect qui les entoure, font mal ici ; instructivement, sans raisonner, vous souhaiteriez ne les y point voir ; car, et tout le monde ne le sait que trop, il ne s'agit point dans l'espèce des intérêts de Dieu, mais bien des INTÉRÊTS DES HOMMES ET BEAUCOUP PLUS DE LEURS PASSIONS QUE DE LEURS INTÉRÊTS.

On ne sait si tout cela est plus absurde que scandaleux, ou plus scandaleux qu'absurde...

Jamais Bertrand n'a dit à Raton d'un façon si comique :

> Tire-moi ces marrons.
> Si Dieu m'avait fait naître
> Propre à tirer marrons du feu,
> Certes, marrons verraient beau jeu.

Les lumières se répandent chaque jour d'avantage, et avec les lumières l'esprit de contrôle et le besoin de critique qui épargne, moins que tous autres, les actes de l'autorité. La partie matérielle des jugements ne doit pas être négligée, et s'il convient, avant tout, d'en concevoir sagement le fond, il n'est pas sans importance de les revêtir d'une forme convenable, régulière, appropriée à leur objet de telle sorte qu'ils puissent traverser l'épreuve d'une publicité souvent malveillante, sans dommage pour la dignité du pouvoir, sans que la considération de l'*Official*, par exemple, ait à souffrir du mépris de l'acte de l'autorité ecclésiastique.

De plus, après le titre du jugement, il convenait de placer un préambule qui ne devait être autre chose que la justification de l'acte, au point de vue de la légalité d'abord, et de l'utilité ensuite. *Le visa des lois* aurait satisfait à cet objet. Tel est du moins ce qui est de règle dans les tribunaux civils et administratifs.

Donc dire que l'*Officialité* a su ce qu'elle faisait, ce serait la calomnier. Non, elle ne l'a pas su ; elle ne s'en est pas doutée. Mais l'excuse, hélas ! est insuffisante...

Les préliminaires du jugement se composent d'un *Entendu* et d'un *Attendu;* l'*Entendu* n'est pas l'*Attendu* et l'*Attendu* n'est pas l'*Entendu;* il faut bien distinguer: la plus légère confusion serait fatale. Dans les choses humaines, ce sont les petits grains de sable qui décident du sort des grands personnages; si Grouchy n'avait pas fait manger la soupe trop tard à ses soldats, nous aurions probablement gagné la bataille de Waterloo.

L'*Entendu.* c'est M. Suchet, Procureur fiscal, qu'il ne faut pas confondre avec Suchet, inventeur des *Ultramâtins*. M. Suchet est comme Maître Jacques, il a ses jours où il invente et ses jours où il est *entendu;* ce ne sont pas les mêmes.

Quand M. Suchet invente, il n'est pas *entendu*, et quand il est *entendu*, il n'invente pas ; croyez donc sans rire à sa justice. *Entendu* veut dire que M. Suchet s'est fait entendre de M. Ruckstuhl, et non pas qu'ils se sont entendus comme larrons en foire. Si quelque esprit vipérin, avec des distinctions venimeuses, venait à élever ici l'ombre d'un doute, nous le condamnerions immédiatement à la peine de mort, plus, par après, quatre-vingt-cinq centimes d'amende, décimes compris et quinze jours de prison. M. Suchet s'est fait entendre et on ne s'est pas entendu. M. Suchet et M. Ruckstuhl, créatures de Mgr Mathieu, adversaires, sinon ennemis personnels de M. l'abbé Thiébaud, ne se sont pas *entendus* pour tirer des représailles ou exercer une vengeance. Non; à eux deux ils ont formé un tribunal composé de cinq personnes, deux assesseurs et un greffier, et on ne s'est pas *entendu*, puisque tout après il y a eu un *attendu* !

L'*Attendu* dit que M. le chanoine Thiébaud a été traduit devant l'Officialité pour avoir répandu une brochure intitulée « *Examen critique de la vie du cardinal Mathieu.* »

Permettez; il ne faut pas rejeter l'honneur de ses actes : M. Thiébaud a été traduit deux fois, pas une de moins : une première fois comme auteur de l'*Examen critique* ; de sorte qu'au moment où vous poursuiviez à Langres un prétendu auteur, vous poursuiviez à Besançon, un autre auteur ; mais, puisqu'au bas de l'article, il y a trois X, pourquoi n'avoir pas poursuivi un troisième auteur, celui qui saisit maître Aliboron ? A votre place, j'aurais poursuivi la France entière, exceptant l'évêque de Nîmes, bien *entendu* cette fois ; j'eusse été plus sûr de tenir mon grand coupable.

L'*Attendu* dit : *poursuivi pour avoir propagé* ; l'assignation portait : *pour avoir fait tirer à part un nombre* CONSIDÉRABLE *d'exemplaires*. Ainsi l'article des *Nouvelles Annales de philosophie catholique* est laissé de côté ; sur trois X on n'en poursuit que deux, laissant de côté le principal ; on assigne pour le tirage à part ; on vise dans l'*attendu* la propagation et l'on confesse que sur cinq cents exemplaires, un nombre relativement faible a été donné par M. Thiébaud, tandis que la propagation réelle, d'après l'*Attendu* est le fait d'un tiers. C'est ce qu'on appellerait en mathématiques, une règle de fausse position double. Ce galimathias me rappelle les vers de notre immortel chansonnier (1) :

» Si je comprends comment on s'y comporte,
» Oui, je veux bien que le diable m'emporte. »

Après l'*attendu*, l'exposé des motifs se dévide en trois considérants.

(1) BÉRANGER, *Chanson* : LE BON DIEU.

Le premier dit que, eu égard aux raisons d'être de la brochure, il n'y a pas à apprécier la question de critique. En bon français cela signifie : Il existe une *vie du cardinal Mathieu;* il existe un *examen critique* de cette vie; savoir lequel des deux dit vrai, ce n'est pas notre affaire. Ah ! ce n'est pas votre affaire, Messieurs ! Pardon, il n'y a d'autre question ici. Au cas où la *vie* serait vraie, la *critique* ne serait qu'un acte attentatoire à la vérité; si, au contraire la *critique* dit vrai, la *vie* n'est plus qu'un livre honteusement faux. Il n'y a pas de milieu et vous ne pouvez pas vous dérober à ce dilemme. Il est évident que, dans une œuvre de la pensée, le fond prime la forme; dans les ouvrages d'esprit, la justesse du fond est à peu près tout : c'est là le suc, le noyau, la moelle, la quintescence de la chose ; et, pour la forme, il n'y aura guère qu'à s'enquérir de son exacte correspondance avec le fond des idées. Si donc la *vie* est vraie, les frisures de la faconde rhétoricienne qui s'appliquent à en dissimuler les torts peuvent être à la veille de devenir accents d'éloquence ; mais si la *vie* est fausse, ou, pour parler plus doucement, inexacte, tous ses oripeaux littéraires ne sont que de frivoles rhabillages, du clinquant sur un mannequin, des fleurs sur la cendre. Si, au contraire, la *critique* est vraie, les traits piquants et énergiques dont elle est parsemée, surtout les faits qui y surabondent, ne sont point, dans leur tour incisif, des morsures, mais le relief nécessaire du fond et son accentuation naturelle ; et ici vient le proverbe : *Plus grande est la vérité, plus grande est l'injure.* Mais si la critique est fausse, il est clair que sa culpabilité est surtout dans le fond, que la forme n'y ajoutant à peu près rien, c'est le fond presque exclusivement qu'il fallait juger. En passant à côté du fond, vous condamnez le juge.

Tout le monde comprendra, du reste, pourquoi vous passez habilement à côté du fond des choses. Vous passez, parce que vous ne pouvez rien répondre. Vous ne pouvez ni prétendre que le cardinal Mathieu est un grand personnage de l'histoire, ni oser dire que les racontars de

Mgr Besson s'élèvent à la dignité d'une histoire véridique ; ni contester aucun des faits fâcheux, j'en conviens, embarrassants, cela est trop clair, qui se dressent à l'encontre des soufflures de la biographie. Ah ! certainement, si vous aviez pu contester un des faits, un seul, vous n'auriez pas manqué de le prendre au collet, vous auriez crié, et vous auriez eu raison, à la diffamation et à la calomnie. Vous passez en silence. On ne vous dira pas : *Tu tonnes, Jupiter, donc tu as tort ;* non, vous avez tort et vous voudriez bien ne pas le laisser voir : vous filez sans mot dire. C'est fier !

Le premier considérant visait le fond pour dire qu'il ne s'en occupait pas ; les deux derniers visent la forme de la critique. C'est ici que viennent les expressions, *outrageantes*, *injurieuses*, inspirées par une *passion manifeste* (la passion de la vérité).

Nous allons les prendre l'une après l'autre pour les mettre sous le pressoir et en extraire les gaz d'éclairage qui peuvent s'y trouver à l'état latent. La chimie a fait des progrès ; nous voulons recueillir tous les bénéfices de la science.

La première expression incriminée est le mot *borne*. La critique dit que Mgr Mathieu, homme d'affaires, entré dans l'Eglise par Saint-Sulpice et pétrifié par les essences de cette école retardataire, assista, sans y rien comprendre et en s'y opposant, à la rénovation catholique-romaine : *dans l'Etat, un caméléon;* dans *l'Eglise une borne.* Si vous mettez en place *Toujours bien en Cour, mais réfractaire au mouvement progressif*, l'expression sera la même, et l'injure imputée aura disparu comme le flocon de neige sous un rayon de soleil.

Mais qu'a donc de si injurieux le mot *borne* ? Une borne est sacrée; les Romains en avaient fait une divinité; la grande borne milliaire, *Meta sudans*, était considérée comme remplie de divinités protectrices de la patrie; et chez tous les peuples, si une borne n'est pas une déité, du moins elle représente la majesté du droit : on la façonne avec art, on la plante avec solennité et qui y touche est puni. Je ne vois rien de plus respectable et de plus respecté qu'une *borne*, quand elle est plantée à la bonne place. Vraiment, vous êtes difficile à contenter.

Je comprendrais votre mécontentement si l'on avait traité Mgr Mathieu de *girouette*, par exemple ; si on l'avait comparé à quelque sot animal, quadrupède ou bipède ; mais le caméléon se diapre au soleil des mille couleurs de l'iris ; à la borne, mon Dieu, ce n'est, s'il vous plaît, qu'une réduction de l'obélisque, monument triomphal chez tous les peuples. Et bien, puisque vous ne voulez pas de la borne, malgré son caractère sacré, nous dirons que le cardinal Mathieu était un OBÉLISQUE ; nous graverons sur cet obélisque : *rigorisme, gallicanisme, antiliturgisme* et tout ce qui s'en suit jusqu'aux prouesses du Concile, et si vous y touchez, gare à vous !

La deuxième expression relevée est *Evêque problématique*. L'expression est équivoque à dessein et la pensée qui la dissimule échappe à première vue. On comprend à la rigueur M. Ruckstuhl, juge, et M. Suchet, procureur, quoiqu'il y ait dans ce rapprochement plus d'un mystère, et dans cet assemblage des profondeurs ; mais *Evêque problématique*, qu'est-ce que cela veut bien dire et par quel tour de sorcellerie peut-on y découvrir une injure ? ma foi, je n'en sais rien. Si l'on contestait que Mgr Mathieu eût été *canoniquement* (1) irrégulier dans sa prise de possession et d'évêque douteux, ce serait une question de droit ecclésiastique, ce ne serait pas une injure. Si l'on prétend, comme cela paraît probable, que Mgr Mathieu est une grandeur douteuse aux yeux de l'histoire, c'est un problème historique, ce n'est pas une injure. Voir une

---

(1) On a contesté jadis la légalité de la nomination de Monseigneur Mathieu, par le pouvoir civil, à l'archevêché de Besançon. Il ne s'est trouvé personne jusqu'à ce jour pour réfuter la brochure qui fut imprimée à Berne à cette occasion, en 1877, sous le titre de : *S. Em. le cardinal* JACQUES-MARIE-ADRIEN-CÉSAIRE MATHIEU *était-il bien archevêque de Besançon ?*

injure dans une expression trop peu claire, c'est montrer peu de raison et beaucoup de passion. L'injure, pour être juridiquement répréhensible, ne doit pas s'induire ou se déduire des mots ; elle doit être formelle, positive ; du moment que vous avez besoin, pour l'extraire, d'une opération d'esprit, l'injure disparaît. C'est celui qui l'extrait qui la commet. Ce point a été ainsi jugé à Paris dans le procès Dupanloup contre les héritiers Rousseau et le journal le *Siècle*. En sorte que, si vous nous reprochez comme injure le mot *problématique*, nous vous demanderons en quoi cette injure consiste et si vous répondez mal, c'est vous qui aurez commis l'outrage (1).

La troisième expression mise en cause est *une peste dans l'Eglise*. Et depuis quand, demande Beaumarchais, le droit de juger les autres dispense-t-il d'être logique ? La critique dit que les progrès faits par la science à propos des fléaux, ne sont pas à l'honneur des fléaux, mais de la science ; puis, raisonnant *à pari*, que les réformes et les progrès accomplis dans les Eglises depuis 1830, malgré les résistances aveugles et obstinées de Mgr Mathieu, ne sont pas davantage à son honneur, mais à l'honneur immortel des braves champions qui les ont effectuées malgré ses résistances. Le raisonnement est juste ; en alléguant que l'auteur traite le cardinal de peste, vous cessez de raisonner, et, chose plus facile, par une insinuation méchante, vous diffamez. Si vous ne réprouviez pas un pareil abus, Monseigneur, il n'y aurait plus de respect pour rien, ni pour personne. On verrait le pouvoir substitué au droit, l'arbitraire à la logique ; ou si l'on retenait encore un vain simulacre de justice, ce serait pour en abuser plus sûrement à la faveur des formes. Les procès se termineraient encore ; mais on ne jugerait plus : on déciderait et on étoufferait.

Bien qu'il s'agisse dans ce procès, surtout de Mgr Mathieu

---

(1) Lire CHASSAN dans son traité *Des délits de la parole et de la presse*, DEGRATTIER, DALLOZ, etc., etc.

et non de Mgr Besson, biographe resté dans la coulisse, ce sont les trois expressions injurieuses alléguées par l'accusation; une expression prise à faux, une autre torturée, une première qui résiste aux colorations du réquisitoire. A ces trois expressions s'ajoutent deux *et cœtera*, formule tout à fait inusitée dans les jugements. *Et cœtera* avec un *bis*, pour le rendre plus terrible, c'est un triomphe, une joie, une liesse. Avec deux *et cœtera*, chez beaucoup de gens, ce ne serait qu'impuissance de parler, ou honte d'écrire des riens, pour ne pas se donner, à propos d'oreilles de dimensions communes, ce tort de cet inquisiteur :

» Lequel interprétait à cornes leur longueur. »

A Besançon, à la vue de ces deux mots latins, écrits en signes cabalistiques, deux pelés et trois tondus courent, s'évertuent et se rendent chez M. Suchet pour le féliciter de sa victoire ; et en Enfer, la discorde taille des plumes empoisonnées, remplit des cornets de fiel, échauffe les esprits par un verre de bitume et met le démon au travail. De là doit sortir un long et superbe monument, qui se placera de lui-même à côté du *Pro Milone*, du *Pro corona* et des mémoires de Beaumarchais. Donc, si M. l'abbé Thiébaud se tire de ce piège à loup, j'irai le dire à Rome.

De là, le considérant n° 2 parle des professeurs de collèges ecclésiastiques, des curés-doyens et des curés entachés d'hérésie. La critique reproche au mauvais choix des professeurs leur nécessaire faiblesse ; rapporte au sujet du doyen un *ouï dire* qu'elle ne garantit pas, et dénonce, au sujet d'un archi-prêtre, une profession d'incroyance à l'infaillibilité. Le premier fait est vrai ; le second n'est pas garanti ; le troisième a été souvent répété ; nous ne demanderions certainement pas mieux que d'en obtenir le désaveu public. Mais qu'est-ce que cela fait, je le demande, à M. le chanoine Thiébaud? S'il y a lieu à distinction ou à négation, c'est à l'auteur qu'il faudrait s'en prendre. Nous ne croyons pas nécessaire, au surplus, avec la légèreté de ses imputations, d'en discuter la culpabilité fort problématique. Nous remarquerons seulement le ton habile du libellé, généralisant les trois cas, impliquant tous les professeurs, tous les doyens et même des archiprêtres dans l'affaire pour se créer des partisans. C'est une ruse cousue avec un fil fin comme les cordages qui tiennent en équilibre le grand mât d'un vaisseau à trois ponts.

Le même *considérant* n° 2 vise enfin le Secrétaire de la Congrégation séduit par le cardinal. La critique loue fort le Secrétaire Calpati qui se refusa d'entrer dans le jeu antiliturgique de Mgr Mathieu ; elle parle d'un autre qui serait, paraît-il, venu à Besançon, qui aurait été choyé, adulé, comblé ; et qui naturellement, de retour à Rome, n'imita pas, dit-on, la férocité d'Annibal Calpati. Le Secrétaire est-il venu à Besançon chez le cardinal? Oui. A-t-il été bien reçu? Apparemment. S'est-il montré féroce dans ses refus? On en n'a jamais entendu parler. Quel rapport de cause à conséquence, rapport nécessairement inconnu peut exister entre ces trois faits, c'est à la conscience du lecteur de se faire là-dessus telle opinion qu'il voudra. Mais même en admettant la *séduction* coupable du secrétaire, chose que la critique se garde bien d'affirmer et même d'insinuer, en quoi cela impliquerait-il la Congrégation dans la solidarité d'une telle faute? Cette solidarité est d'autant moins recevable que, dans la ligne précédente, on exalte la conduite du précédent secrétaire de la même Congrégation. Si, pour l'un, elle se trouvait atteinte, par l'éloge de l'autre, elle serait glorifiée. S'il y a un coupable, il n'y en a qu'un : mais la critique ne dit pas qu'il ait été coupable, seulement peut-être un peu complaisant. Si vous voulez, au contraire, que sa conduite, diamétralement contraire à celle de son prédécesseur, ait été dictée par une meilleure entente des affaires, quoique je ne le croie point, j'avoue que je ne demande pas mieux. Mais je veux remarquer pour la seconde fois qu'il y a dans ces paralogismes évidents un parti pris de créer au jugement des exécuteurs jusqu'à Rome; et, cela pour un but, encore caché, mais qui pourra se découvrir un jour.

Le troisième *considérant* dit que M. l'abbé Tiébaud a *reconnu* le caractère injurieux de la brochure et le premier allègue que *ses aveux ressortent de sa déposition*. Nous ne savons pas ce que M. l'abbé Thiébaud a reconnu de lui-même, à l'audience, c'est son affaire : mais des aveux qui ressortent d'une déposition, cela n'est pas admissible. Les aveux doivent se faire en propres termes ; ils doivent être positifs et formels ; s'ils sont tirés d'une déposition, ce n'est pas un aveu du prévenu, c'est un raisonnement du magistrat. Ce magistrat peut bien raisonner ; il peut mal raisonner aussi. Un jugement ne se base pas sur des possibilités ; il se base sur des faits positifs. Quand vous voudrez libeller un jugement, ce n'est pas sur des probabilités plus ou moins acceptables qu'il faudra l'établir, c'est sur des certitudes. *Nemo præsumitur malus nisi probetur.*

Par ces motifs, le jugement déclare le chanoine Thiébaud coupable d'avoir *répandu et propagé* (il paraît que ce n'est pas la même chose) une brochure *injurieuse* et outrageante (c'est la troisième fois qu'on double l'épithète) pour la mémoire du cardinal Mathieu (ah !); pour le clergé du diocèse (holàs !) et pour la Sacrée Congrégation des Rites (holà !); et lui enjoint de ne plus s'en occuper; mais afin de lui donner plus de facilité pour le faire, elle ne lui laisse pendant trois jours, pas d'autre souci et le décharge des offices canoniaux. Ainsi soit-il ; et c'est tout :

» La pénitence est douce,
» Nous recommencerons »,

dit la chanson. Le jugement est signé Ruckstuhl et certifié conforme par Salomon. Il est probable que si SALOMON avait été présent, avec l'épée dont il voulait couper en deux l'enfant des deux veuves, il aurait coupé en quatre la plume du Secrétaire, son papier, son bureau, le réquisitoire et le jugement. Sauf quelques exceptions, le diocèse aurait applaudi à l'exécution du grand prince. Il est, en effet, pour le moins ridicule de voir des adversaires notoires, sinon deux ennemis personnels, au tribunal et au ministère public ; et quand on pense que ces poursuites s'acharnent contre un vieillard de quatre-vingt-quatre ans, qui, heureusement ne s'en fait pas de bile, il n'y a plus de mot pour traduire ce que l'on éprouve.

Nous ne devons pas omettre, pour l'intégrité de l'histoire, de dire que cette grande faute, pour ne pas dire autre chose, a été commise au nom et par l'autorité du Révérendissime et Illustrissime archevêque, sans quoi, bien entendu ce papier dans lequel on rencontre tant de fautes et d'inepties ne mériterait rien, pas même la pitié (1).

Maintenant, Monseigneur, éloquent et peu exact biographe du cardinal Mathieu, après ce jugement, êtes-vous satisfait et ne manque-t-il plus rien à votre gloire ? Je ne sais ce que vous en penserez et je ne vous le demande pas : mais pour moi, je trouve stupide que, pour sauver votre livre, on ait relevé les fautes d'autrui. Cela est bien étranger à la question et, de plus, ça rappelle sans qu'on le veuille la fable de l'ours qui, voyant une tache sur le visage de son maître, pour tuer une mouche, lui écrasa la tête avec un pavé.

Tel est bien, en effet, l'aboutissement de vos panégyriques. Vous avez exalté outre mesure, sans rime ni raison, Mgr Mathieu ; on met à vos exagérations des sourdines ; on produit des faits que vous n'avez pas vus ou que vous avez écartés. Ces faits accablent votre héros et mettent en cause votre droiture historique. Est-ce que vous croiriez vous en tirer avec le silence ? Il n'y a ici, veuillez bien le remarquer,

(1) Si Mgr Foulon n'avait voulu que se rendre compte comment fonctionnaient les rouages de son *officialité*, tribunal qui n'a guère siégé qu'une fois à Besançon depuis le Concordat, il pouvait bien chercher un autre délinquant que M. l'abbé Thiébaud. Les délinquants, je dirai même des criminels, ne manquent pas ; il y en a non loin de la ville archiépiscopale. Mais non, pas d'équivoque, il faillait épouser de vieilles rancunes: le débat est là.

Monseigneur, en discussion, ni votre mître, ni votre personne, mais votre livre. Que vous soyez évêque, que vous deveniez archevêque, cardinal, légat, prince de l'Eglise, sénateur, si cela vous fait plaisir, j'y consens de grand cœur; mais enfin tous ces titres, dès que vous écrivez l'histoire, ne vous obligent qu'à l'écrire avec une plus scrupuleuse fidélité ; puisqu'on vous accuse de ne vous être pas tenu à cette exactitude obligatoire, il faut dire, oui ou non, si vous vous êtes trompé ; et puisqu'on ajoute que vous avez fait par là à la mémoire du cardinal un tort que votre abstention lui eût épargné, évidemment cette mémoire que vous avez imprudemment compromise, vous devez la défendre. Si vous vous taisez, votre silence est une trahison.

De grâce, pour les faits qu'on vous oppose, répondez. La république des Lettres n'est belle que par l'égalité de ceux qui portent une plume au service de la vérité. Entre eux, les auteurs établissant chaque jour des discussions contradictoires, le public est leur juge; mais je ne connais point d'opinion qui puisse se démontrer par la désertion volontaire. Et si cette opinion devient, contre une personne, un point obscur ou douteux, si vous ne le justifiez pas, on peut justement vous accuser d'avoir jeté l'angoisse dans une respectable famille et troublé fort inutilement la paix faite sur un tombeau. Si vous avez quelque chose à dire, dites-le, Monseigneur ; si vous n'avez rien à répondre, il fallait vous taire. L'histoire est le témoin des temps et doit être l'oracle incorruptible de la vérité.

En vain, pour échapper à la logique qui vous enveloppe dans ses cercles de fer, vous faites refuser à un ami le service d'une imprimerie; en vain vous déférez deux prêtres à leur officialité respective; en vain vous en menacez un de lui faire enlever, par le Pape, un diplôme honorifique; en vain vous obtenez D'AMIS PERSONNELS un jugement libellé en vue de vous assurer, à Rome, des appuis. Toutes ces intrigues, habilement ourdies et qui peuvent, seulement par surprise, obtenir un jour de succès, qui ne sera pas sans lendemain, ne prouveront jamais que vous avez écrit un livre exact pour les faits et juste dans ses jugements. Vos bontés n'empêcheraient pas de parler ; vos menaces ne réduiront personne au silence.

Lorsque Dieu vous confia la trompette de la Renommée, était-ce pour corner de frivoles panégyriques ? Était-ce pour ramper dans le plus aisé de tous les genres d'écrire qu'on vous en attacha les ailes ? Encore ne pouvant vous livrer à toute l'âpreté de vos petites vengeances, espérez-vous trouver aisément des complices qui se prêteront à vos trames et des victimes qui se laisseront immoler sans rien dire ?

Quant aux trois ou quatre X que vous voulez réduire à zéro, il ne vous sera pas bien difficile d'y réussir. Ils valent si peu que vous pouvez, Monseigneur, monter tout de suite au Capitole, ayant à côté de vous MM. Ruckstuhl et Suchet, et fouler, sous les roues de votre char triomphal, ces gens de rien. Pour peu qu'ils puissent, par là, vous être agréables, ils se dépouilleraient volontiers de tout ce qu'ils tiennent de la bénignité des hommes et se mettraient nus comme vers. Mais devenus l'opprobre des hommes, et l'abjection du peuple, ils seront toujours prêtres de Jésus-Christ, prêtres fidèles, obstinés également sur le fait et sur le droit. Tant que vous ne répondrez pas aux faits articulés dans la critique ; tant que vous ne répondrez rien aux arguments de la partie adverse ; tant que vous ne vous serez pas expliqué sur toutes ces controverses mal comprises ou étranglées par vous, nous ne cesserons pas de vous importuner. Ce serait vraiment une trop plaisante guerre que de dire : Nous allons déranger leur fortune ; nous allons prendre un imprimeur à celui-ci, un bout de traitement à celui-là ; nous allons faire coup sur coup deux procès, intéresser les cardinaux à nos malheurs et implorer le Pape pour qu'il foudroie ces va-nu-pieds.

Est-ce là votre projet, Monseigneur ? Il est sans doute

très bon contre vos adversaires, mais croyez qu'il ne vaut rien pour votre justification. J'écrirai, je vous le promets, que vous ne vous défendez seulement pas; et je le répéterai jusqu'au tronçon de ma dernière plume ; j'y mettrai l'encrier à sec; et quand je n'aurai plus de papier, j'irai disputer vos écritures aux bouquinistes et j'en griffonnerai les meilleurs endroits qui sont les marges ; j'emploierai le crédit de mon libraire pour en obtenir de l'imprimeur et si je n'en trouve aucun traitable, je vendrai l'*Examen critique* pour payer cette réponse et les premiers mémoires pour solder les derniers. Enfin, vous n'aurez ni trêve ni repos tant que vous n'aurez pas répondu catégoriquement sur les jugements fautifs et les erreurs de fait qu'on vous impute.

De vous amuser à critiquer mon style et donner pour un crime la gaîté, vous n'y pensez pas. Si je plane légèrement sur certaines personnes, cela n'empêche pas de frapper fort quand il le faut. Je n'imiterai pas le rogue et pédant M. Suchet, toujours grave en sujet ridicule et ridicule en sujet grave. Je n'imiterai pas l'orgueilleux et vindicatif M. Ruckstuhl, calme et tranquille sur sa chaise comme un sénateur romain et n'appliquant que le *Discerne causam meam ab homine iniquo*. Non, il ne serait pas séant de le prendre sur le haut ton et d'escalader les Cieux, pour arriver à ne savoir ni ce que je dis, ni ce que je fais, ni ce que je veux. Eh! Monseigneur, laissez-là mon style et corrigez votre ouvrage. C'est mon dernier mot et c'est mon but.

Quant à M. l'abbé Thiébaud que vous voulez jusqu'à la fin avoir pour antagoniste, il se dresse, en effet, comme une barre de fer, contre toutes vos fautes en histoire et vos défauts de critique.... La cause triomphante à l'Officialité plaît aux Suchet et aux Ruckstuhl; la cause vaincue plaît au chanoine Thiébaud. L'histoire verra en lui un autre Caton ; elle ne considérera votre condamnation que comme un témoignage de la droiture de ses doctrines et de la persévérance de son zèle; j'ai besoin de me retenir pour ne pas ajouter qu'elle lui en fera honneur !...

Je suis,

Monseigneur,

avec le plus profond respect,

de Votre Grandeur,

le très humble et tout dévoué serviteur,

DANOPIO.

ADDENDA

N° I

PROCÈS DE MGR DUPANLOUP, ÉVÊQUE D'ORLÉANS

Extrait du plaidoyer de Me Dufaure.

» . . . .
» L'historien a deux choses à faire, il raconte et il juge.
» Il raconte avec vérité et il juge avec liberté. Il raconte
» avec vérité, c'est la première condition, et, quant à moi,
» je la tiens pour absolue. Je n'admets aucune espèce de
» distinction, sauf l'erreur involontaire... Sans doute,
» quelquefois, l'erreur peut se glisser dans les récits de
» l'historien le plus scrupuleux, de l'écrivain le plus
» attentif à ne jamais manquer à cette première loi de
» l'histoire. Mais l'erreur peut être involontaire......
» Voilà pour la première condition de l'histoire : ra-
» conter avec vérité. Après avoir raconté avec vérité,
» juger avec liberté. La Cour elle-même le dit. Voyez
» toute la liberté qu'elle admet. Elle comprend et admet
» les emportements, les passions, les ressentiments..., des
» jugements contraires à la conscience publique. C'est-à-
» dire qu'elle admet la liberté dans l'appréciation de faits
» qu'on raconte sincèrement. Du moment qu'on remplit
» cette première condition, on a un champ sans limite
» pour remplir la seconde.
» Imaginez-vous ce que serait l'histoire si l'écrivain
» n'avait pas le courage ou le pouvoir de juger, d'appré-
» cier, de blâmer ce qui lui paraît blâmable, d'estimer, de
» louer, d'élever ce qui lui semble digne d'éloges? Com-
» ment! sous les yeux du lecteur passeraient les faits
» coupables ou vertueux, les grands hommes ou les cri-
» minels sans qu'un mot de l'écrivain vînt indiquer la
» valeur de chacun d'eux et l'estime qu'il mérite, sans que
» l'écrivain paraisse ému des forfaits ou des grandes
» actions qu'il raconte! Le lecteur peu à peu s'habituerait
» à lire froidement ce que l'écrivain aurait raconté froide-
» ment; bientôt s'effacera la distinction du bien et du
» mal : l'histoire, comme une loi menaçante l'aura faite,

» ne sera plus qu'une œuvre immorale et le passé ne
» pourra plus servir de leçon à l'avenir ! Remarquez la
» marche que suivent les idées ! On commence par inter-
» dire d'apprécier, on punit le blâme ; on finira par punir
» l'éloge ; par interdire de louer les grands hommes. On
» arrive à ce temps où selon Tacite on punit de mort
» l'écrivain qui loue Halvidius ou Thraséas, et on livre les
» écrits aux flammes : voilà où l'on arriverait avec ce
» principe que l'historien qui raconte véridiquement n'est
pas libre pour l'appréciation des faits qu'il raconte.

» Mais on se récrie : Voyez donc ! on va troubler la
» cendre des morts ! On va frapper la pierre du tombeau
» et porter atteinte à la tombe. Rejetons toutes ces figures!
» Le pieux asile de la tombe reçoit également la dépouille
» de l'homme vertueux et du criminel. On n'a jamais
» entendu qu'elle les mît à l'abri des justices de l'histoire.
» L'histoire veille, raconte, est juge impartial, même en
» face du tombeau. On appelle cela de la calomnie. C'est
» la vérité qui se fait jour, qui éclate........

» Non, l'histoire ne peut être utile et ne doit être con-
» servée qu'à la condition d'être libre, et l'homme public
» doit savoir, il est bon qu'il sache qu'il n'a pas seulement
» à se préoccuper de l'opinion de ceux qui l'entourent,
« opinion trop souvent égarée, trop souvent factice,
« trop souvent injuste ; il est bon, quel qu'il soit, qu'il
« sache qu'après lui, en dehors de toutes ces influences
« locales, bien au delà de toutes ces passions contem-
« poraines, il y aura une justice, la justice de la pos-
« térité ; elle ne s'exerce que par la voix de l'histoire libre;
« ne supprimez pas ce grand encouragement pour les bons,
« ce salutaire effroi pour les méchants.....

« On m'a demandé ce que pouvait gagner l'Eglise dans
« une semblable discussion ? Que gagnerait-on, par exem-
« ple, à rappeler que Massillon a eu le tort un jour d'as-
« sister au sacre du Cardinal Dubois ? Que gagnerait-on
« de rappeler les crimes des Borgia !

« Ce qu'on gagnerait ? On gagne toujours à dire la
« vérité, la religion la demande, bien loin de la craindre.
« Il n'y a pas un bon principe dans le monde qui ne doive
« vivre de vérité. Il n'y en pas un à qui le mensonge dissi-
« mulé, caché, enterré dans les catacombes de Rome,
« puisse profiter........

        » .   .   .   .

N° 2

EXTRAIT DES NOUVELLES ANNALES

DE

PHILOSOPHIE CATHOLIQUE [1]

AVIS A MESSIEURS LES ABONNÉS

La Semaine religieuse d'un Diocèse, paraissant avec l'approbation de l'Ordinaire du lieu, est censé l'*Officiel* de ce dernier. A ce titre-là, les articles de cette feuille, surtout ceux qui ont un cachet de *communiqué direct*, méritent de fixer, un moment, l'attention.

Sur la fin de l'année dernière, M. le Directeur de la *Semaine* de Besançon, voulant faire une œuvre de propagande scientifique et religieuse, a offert en prime à ses abonnés les *Nouvelles Annales*. Notre Revue se montra reconnaissante de cette marque de sympathie chrétienne. La réputation de science et de piété du Diocèse de Besançon est notoire dans toute la France. On pouvait supposer qu'un grand nombre des lecteurs de la *Semaine* voudraient profiter des avantages qui leur étaient offerts.

Mais, soit que la *Semaine* de Besançon ne jouisse que d'un médiocre crédit auprès de ses lecteurs, soit que, dans ce Diocèse riche et populeux, le clergé y songe à toute autre chose qu'aux études sérieuses et catholiques, *aucun* des lecteurs de la *Semaine* n'a répondu à l'appel de son Directeur. Il est donc évident qu'à part nos abonnés, qui, nous le savons à présent, ne sont pas lecteurs de la *Semaine*, le clergé de Besançon ignore le contenu et peut-être même l'existence des *Nouvelles Annales*.

Dans son numéro 45, la *Semaine* de Besançon a publié, en tête de ses articles, une note, à style officiel, *retirant la*

---

[1] N° 31. — Octobre 1882.

prime offerte et *censurant*, avec un brin de fiel et d'amertume, *les Nouvelles Annales*, tout en faisant l'éloge de la valeur scientifique de la Revue.

Le retrait d'une prime, dont pas un seul lecteur n'a profité, peut paraître chose assez curieuse. La *Semaine* connaissait l'accueil fait à ses offres.

Quant à la *censure*, elle est bien tardive ! Voilà quatre à cinq mois que l'article visé a paru ! *Il y a prescription légale !* Si nous étions en présence de M. le Directeur de la *Semaine* de Besançon, nous lui dirions : « On vous a forcé
« la main. Comment n'avez-vous pas résisté ? Pourquoi
« n'avez-vous pas eu le courage de dire que ce *communiqué*
« vous atteignait, en premier lieu, avant les *Annales !*
« Ceux qui vous l'ont inspiré ne savent pas *que vous avez*
« *applaudi à la publication de l'article censuré, que vous*
« *avez adressé une lettre de félicitation au Bureau des*
« NOUVELLES ANNALES, *que vous déploriez la publication*
« *prématurée du livre de Mgr Besson*, ALORS, disiez-vous,
« QUE LES VICTIMES DU CARDINAL MATHIEU ÉTAIENT ENCORE LA
« PALPITANTES SUR LE TERRAIN. Comment n'avez-vous pas fait
« observer à vos chefs de file que Mgr Besson, en livrant
« ses pensées au public, se livrait à la censure comme aux
« éloges ; que ce Prélat a souvent usé du droit de critique
« envers les autres ; que son caractère épiscopal ne le met
« pas au-dessus du droit commun, dès qu'il se fait *histo-*
« *rien ;* que chacun a le droit de le juger, au point de vue
« de la vérité historique aussi bien qu'au point de vue
« littéraire ? Si l'article des *Annales* renferme des erreurs,
« qui peut mieux relever le gant que Mgr Besson, dont
« chacun connaît le talent et la facilité à écrire ? Si le
« Prélat éloquent croit son honneur ou celui de son héros
« atteint injustement, les colonnes des *Annales* lui sont
« ouvertes pour rectifier tous les faits inexacts. Pourquoi
« n'en profite-t-il pas ? Ignore-t-il que, depuis le Diocèse
« de Besançon, les *Annales* ont reçu une foule de lettres,
« répétant ces mots : C'EST LA VÉRITÉ, MAIS PAS ENCORE
« TOUT ENTIÈRE ? Comme homme public, Mgr Mathieu ne
« peut-il pas être jugé *historiquement*, comme on le fait de
« Bossuet et d'autres personnages ecclésiastiques ? A la
« séance de la Chambre des Députés, n'a-t-on pas fait
« récemment un échec à la mémoire de Mgr Mathieu ? »

Si M. le Directeur de la *Semaine* avait eu le courage de son opinion, s'il eût préféré l'amour de l'honneur et de la vérité à la faveur humaine, il se fût évité le supplice de se donner à lui-même un soufflet en plein visage. Au fait, quand on a l'honneur d'être revêtu d'une dignité, qui émane du Chef auguste de la Sainte Église de J.-C., il convient de tenir plus haut et plus ferme le drapeau de la vérité.

D'autres motifs pouvaient encore être donnés à ceux qui imposaient ce désobligeant *communiqué*. Ainsi, il était évident qu'il serait une excellente réclame pour les *Nouvelles Annales*; que bon nombre de lecteurs, poussés par une curiosité instinctive, voudraient lire l'*Examen critique* de la vie du Cardinal Mathieu ; que, par là même, on tournait le dos au but que l'on avait en vue. Enfin, M. le Directeur de la *Semaine* devait objecter que les *Nouvelles Annales* étaient consacrées à la défense de la Religion et des enseignements de la Sainte Église, qu'elles étaient approuvées à Rome, que les Cardinaux les plus éminents les patronnaient, et que tous ses rédacteurs appartenaient à l'école franchement catholique et dévouée au Saint-Siège ; enfin, on ne censure pas une Revue parce que l'un de ses articles irréfutables a pu déplaire à quelques personnalités isolées, dont l'amour-propre s'est trouvé froissé par cette publication.

Non-seulement les *Nouvelles Annales* maintiennent la prime supprimée par la *Semaine* de Besançon, mais elles l'étendent *exceptionnellement* à tous les membres du Clergé franc-comtois. S'adresser au Bureau des *Nouvelles Annales*, 11, rue Borromée, à Paris. Quant à l'examen critique du livre de Mgr l'Évêque de Nîmes, un tirage à part a été mis en vente chez les libraires de Besançon.

La Rédaction.

Besançon — Imprimerie M. Ordinaire

www.ingramcontent.com/pod-product-compliance
Lightning Source LLC
Chambersburg PA
CBHW070658050426
42451CB00008B/408